Elisabeth

Leben und Legende einer europäischen Heiligen

Eine Bilderreise durch Ungarn, Deutschland,
Italien und die Slowakei

Fotografie: Ulrich Kneise
Texte: Jutta Krauß

SCHNELL + STEINER

Titel *Heilige Elisabeth, Skulptur aus der Werkstatt Tilman Riemenschneiders, Germanisches Nationalmuseum Nürnberg, Franken*

2 *Grabplatte Hermanns II., Detail, Georgenkirche Eisenach, Thüringen*

6 + 7 *Bükkgebirge, Ungarn*

Bibliografische Informationen der Deutschen Bibliothek
Die Deutsche Bibliothek verzeichnet diese Publikation in der Deutschen Nationalbibliografie;
detaillierte bibliografische Daten sind im Internet über http://dnb.ddb.de abrufbar

1. Auflage 2007

Leibnizstraße 13, 93055 Regensburg, www.schnell-und-steiner.de

Fotografie und Lithos: Ulrich Kneise, www.ulrichkneise.de
Texte: Jutta Krauß
Umschlaggestaltung, Layout und Satz: Denis Hopf, www.redtrump.de
Druck und Bindung: Zanardi Group, Padua/Italien, www.zanardi.it

ISBN 978-3-7954-1995-0

Weitere Informationen zum Verlagsprogramm erhalten Sie unter:
www.schnell-und-steiner.de

Inhalt

Elisabeth

Leben und Legende einer europäischen Heiligen

Eine Bilderreise durch Ungarn, Deutschland,
Italien und die Slowakei

Prolog

Sie schaut an uns vorbei, die heilige Elisabeth. Und doch halten wir vor dieser erhaben schlichten Gestalt auf dem Buchtitel inne, suchen den Dialog, lesen an den edlen Zügen ab, was ihr Name in unseren Gedanken hervorruft. In Riemenschneiders Skulptur begegnet kein wahres Abbild. Des subtilen Meisters Hand erschuf eine vollends in sich ruhende Frau, der Welt entrückt, voller Würde und voller Magie. In ihr glaubt man Elisabeth zu erkennen, genau die Elisabeth, von der man so viel Wunderbares weiß, weil bereits ihre Zeitgenossen detailliert beschrieben, was sie dachte und tat, jeden Winkel ihres Lebens ausleuchteten.
Sie überlieferten der Nachwelt eine ganz und gar außergewöhnliche Persönlichkeit. Stehen wir nicht aber recht ratlos vor ihr?
Vor einer Frau, die bedenkenlos alle irdischen Reichtümer verwirft, mit denen sie Geburt und Stand gesegnet haben, um sich Christus gleich mit den Niedrigsten gemein zu machen und im Bodensatz der Gesellschaft Gutes zu tun? Wie soll die darin enthaltene Botschaft, von der immer wieder die Rede ist, in die Sprache der Gegenwart übersetzt werden?
Der für Elisabeth geltende Gottesglaube, der jedes Hindernis überwindend Berge versetzt, ist uns, die wir in einer durch und durch materiell orientierten Welt leben, geradezu verdächtig.
Wurden solche Figuren nicht bloß ersonnen und mit allen idealen Attributen zur menschlichen Makellosigkeit stilisiert, um den Vielen, die das Schicksal allzu stiefmütterlich bedachte, Demut zu lehren

8 Freskodetail, Burgkapelle Tirolo, Italien

und ihnen in einer kalten, herzlosen Welt wenigstens Lichter von Hoffnung und Liebe anzuzünden? Elisabeth hat gelebt.
Die Orte ihres Wirkens und ihrer Welt sind zu weiten Teilen untergegangen, haben sich über die Zeiten bis zur Unkenntlichkeit verändert. Aber obschon die Phantasie von Generationen in das nunmehr 800-jährige Bild der Heiligen den märchenhaften, den falschen Liebreiz verwob, darf man zumindest einer außerordentlichen Lebensgeschichte sicher sein.
Die Menschheit hat immer wieder Größen hervorgebracht, die wie die junge Fürstin kraftvoll und mutig genug die herrschenden Normen sprengten, darin weder von ihresgleichen noch von anderen auch nur in Ansätzen verstanden, geschweige denn geehrt, sondern schlichtweg als verrückt angesehen wurden. Im eigentlichen Wortsinn waren sie das auch, weil sie die Welt aus einer anderen, einer höheren Perspektive betrachteten. Nach urchristlichem Vorbild lebte Elisabeth eine tief empfundene Menschlichkeit vor. Ihr Andenken wird daher im Strom der Geschichte nicht untergehen. Den unzähligen Büchern über Thüringens Heilige sei mit diesem kleinen Bändchen ein weiteres, vielleicht etwas anderes Angebot hinzugefügt – eines, das vor allem mit Bildern Zeit und Raum überbrücken möchte. Es lässt den Nebel zu, den das ferne Mittelalter allem ausgebreiteten Wissen zum Trotz behalten wird.
Es respektiert das letztlich Unergründliche im Menschen, das sich auch der geschicktesten Analyse entzieht.

Und es ergibt sich den Wundern der Welt – seien es nun die legendären Erinnerungen, seien es die erhalten gebliebenen Zeugen ferner Vergangenheit, seien es die kunstvollen Schöpfungen frommer Verehrung oder die Anmut der ewigen Natur.
Über die sparsamen Texte und die Bildschau seiner Seiten hinaus, möchte dieses Büchlein Assoziationen hervorrufen, Sie zum eigenen Versuch des Annäherns ermutigen an das, was wie Legende erscheint, als wirklich gelebtes Leben zutiefst befremdet, und dennoch einen inneren Zusammenhalt der Menschheit ausmacht.

sagent dem vatter

12 + 13 *Baseler Bildteppich, Wartburg, Thüringen*

14 Hellgrevenhof, Eisenach, Thüringen

15 Stadtbefestigung, Sárospatak, Ungarn

KLINGSOR
VIDEO STELLAM LUCENTEM SUPRA HUNGARIAM

Die „heilige“ Herkunft der Ungarin

An welchem Tag Elisabeth geboren wurde und wo genau ihre Wiege stand, weiß niemand. Wenn der 7. Juli 1207 als ihr Geburtstag angenommen wird, so ist damit nur der frühestmögliche Zeitpunkt nach dem bekannten Geburtsdatum des älteren Bruders Bela errechnet. Die Eltern, König Andreas II. von Ungarn und seine Ehegattin Gertrud, unterhielten, wie im Mittelalter üblich, eine Wanderherrschaft, der viele Burgen und Städte offen standen.
Unter ihnen favorisiert man seit dem 15. Jahrhundert das ostungarische Sárospatak als Elisabeths Geburtsort. In dem heutigen Städtchen mit seiner mächtigen Renaissanceburg weisen nur Reste auf die einstige Königspfalz, die bis an das Ufer des Bodrog reichte. Die Flusslandschaft verliert sich in die Weite der Puszta, nur im Norden ist am Horizont die blaue Kette des Bükkgebirges zu sehen. Wenn sich dem Kind diese Sichten einst dargeboten haben mochten, die spätere Erinnerung daran wäre eher unwahrscheinlich. Für das in die Fremde gegebene Mädchen mussten Ungarns Konturen vielmehr verblassen und einem in verklärender Sehnsucht gemalten Wunderland Heimat Platz machen.
Doch war das ungarische Großreich nichts weniger als das und der Schoß der Familie alles andere als ein Idyll der Geborgenheit. Überschattet von jahrelangen Streitigkeiten mit dem eigenen Bruder, König Emerich, hatte Elisabeths Vater Andreas nach 1200 Gertrud aus dem süddeutschen Grafengeschlecht der Andechs-Meranier geheiratet.

16 Meister Klingsor, Mosaikdetail, Wartburg, Thüringen

Während er selbst gefangen gesetzt worden war, schickte der Schwager die junge Braut kurzerhand wieder nach Hause, ein Schicksal, das sich bei ihrer Tochter Elisabeth fast wiederholt hätte.
Nach Emerichs Tod kannte Andreas keine Skrupel, den noch kindlichen Thronfolger auszuschalten. 1204 nahmen er und die zurückgekehrte Gertrud Krone und Zepter Ungarns entgegen.
Die Königsdynastie der Arpaden blickte zu dieser Zeit auf eine bereits 300-jährige Herrschaft, doch wo die Macht wohnen bleiben soll, ist Misstrauen der treueste Türsteher. Die für ihr ungezügeltes Temperament bekannten Magyaren rangen Andreas oft existenzbedrohende Zugeständnisse ab und rächten sich an der Königin, nachdem sie ihre deutschen Landsleute mit Ämtern und Privilegien überhäuft hatte. 1213 wurde die als machthungrig beschriebene Gertrud erbarmungslos erschlagen.
Elisabeths heilige Herkunft? So man der Heiligkeit kein nur entsagungsvolles, barmherziges Leben im evangelischen Sinne vorangehen, sondern politische Diplomatie und kirchlichen Pragmatismus gelten lässt, war wohl mancher weltliche Eroberer und Machthaber schnell gekrönt und kanonisiert.
Der Nimbus galt sowohl für die Arpaden wie auch für die Andechs-Meranier. Ungarn, Bollwerk gegen die heidnischen Stämme des Ostens und Grenzland zum byzantinischen Reich und orthodoxen Christentum, besaß für alle Seiten eine brisante strategische Bedeutung. Ohne die seit jeher freundschaftlichen, freilich auch mit

hoffender Begehrlichkeit verknüpften Beziehungen zu Konstantinopel aufzugeben, wandten sich die ungarischen Herrscher seit dem 10. Jahrhundert jedoch zunehmend nach Westen und der römischen Kirche zu. Mit dem Segen des Papstes erhielt Stephan I. im Jahre 1000 die Königskrone. Er und zwei seiner Nachfolger wurden dank des Eifers aus eigenen Reihen heilig gesprochen.
Der Andechser Familie entstammte die heilige Hedwig von Schlesien, unter anderem auch Schutzpatronin Berlins. Von den weiteren Tanten und Onkeln Elisabeths seien noch Mechthild, die Äbtissin in Kitzingen war, Bischof Ekbert von Bamberg und Berthold, als Patriarch von Aquileja der zweithöchste Prälat nach dem Papst, genannt.
Bei Elisabeth von einer familiären Veranlagung zur Religiosität zu sprechen hat allerdings wenig Sinn, zumal sie fern ihrer Verwandtschaft aufwuchs und die heiligen Vorfahren höchstens aus der Erzählung kannte. Obwohl Gottesfurcht und Glaube das profane Leben des Mittelalters viel stärker durchdrangen, als es die Gegenwart sich vorstellt, findet man weder auf diesem noch auf jenem Wege einen überzeugenden Zugang zu Elisabeths Leben.

20 + 21 Burg Rákóczi am Fluss Bodrog, Sárospatak, Ungarn

22 Reste der Königspfalz, Sárospatak, Ungarn

23 Elisabethkirche, Sárospatak, Ungarn

24 + 25 *Tiefebene am Bodrog, Region Tokay, Ungarn*

26 *Ankunft bei Hofe, Freskodetail, Wartburg, Thüringen*

27 *Kirche Bodrogolaszi bei Sárospatak, Ungarn*

SOPHIA
LANTGRAVE
HERMAN

Landgräfliches Thüringen

Versprach der König von Ungarn seine Tochter einem Spross provinzieller Karrieristen? Nein. Die vierjährige Prinzessin, obschon Schachfigur machtpolitischen Kalküls, kam an den überaus prunkvollen Hof eines der bedeutendsten deutschen Reichsfürsten.
Im Vergleich mit den Arpaden nahmen sich die Ludowinger allerdings wie politische Senkrechtstarter aus. Für das ursprünglich mainfränkische Grafengeschlecht, das zunächst nur die längst verschwundene Schauenburg bei Friedrichroda ihr Eigen nannte, bedurfte es keines Jahrhunderts, um in Thüringen die Vorherrschaft zu erreichen.
Der Schöpfer der Grabplatte, die sich heute in der Eisenacher Georgenkirche befindet, verlieh Ludwig dem Springer ernst entschlossene Züge, legte seine rechte Hand auf das Wappenschild und übergab seiner Linken das Modell des ludowingischen Hausklosters Reinhardsbrunn. Ein Graf unter vielen gedachte er keineswegs zu bleiben, jener Ludwig, der 1067 die Wartburg gründete.
So jahrgenau weiß es jedenfalls die Sage und könnte sogar Recht haben, denn 1080 wird die Feste in der Chronik vom „Sachsenkrieg" des Bruno von Merseburg erwähnt. Hinter dem Ausruf „Wart Berg, du sollst meine Burg tragen", der Ludwig in den Mund gelegt wurde, verbirgt sich die erfolgreiche Okkupation fremden Territoriums.
Kurz darauf wuchs im Osten über der Saale die Neuenburg empor.
In der Wahl der Mittel zur Macht nicht zimperlich und daher im Alter von Reue geplagt, stiftete der unternehmungslustige Graf jenes Kloster, übereignete ihm auch die Schauenburg, und trat

28 Hermann und Sophie, Mosaikdetail, Wartburg, Thüringen

hochbetagt selbst dort ein, sicher, dass seine Nachkommen die begonnene Expansion fortsetzen würden. Das taten sie.
Um 1130 belohnte Kaiser Lothar III. seinen ludowingischen Parteigänger mit der Würde eines Landgrafen, ein paar Jahre später bescherte eine glückhafte Heirat den Zugewinn weiter Teile Hessens, und nachdem Ludwig II. die Stauferin Jutta geehelicht hatte, sah er sich bei der Krönung Friedrichs I. Barbarossa 1155 als Schwager des deutschen Kaisers.
Der Palas der Wartburg, errichtet zwischen 1156 und 1172, wirkt daher wie ein stolz über dem Land thronendes Symbol des Triumphs. Die musische Ästhetik seiner Arkaden, die motivische Vielfalt seiner einst 200 Kapitelle zeigt der mächtige Baukörper erst aus der Nähe. Verrät die Architektur des Bauherrn Schöngeist?
Die politische Bühne stets scharf im Auge behaltend waren die Thüringer Landgrafen mindestens seit dem ausgehenden 12. Jahrhundert auch höchst kulturinteressiert. Unter Hermann I., Regent seit 1190, zogen literarischer Geschmack und mit ihm der Zeit größte Dichter in den Landgrafenhof ein. Der aus Lothringen herbeigereiste Heinrich von Veldeke vollendete in Hermanns Auftrag seine „Eneit“, Walther von der Vogelweide pries Hermanns großzügige Hand und schilderte die rauschenden Feste, Wolfram von Eschenbach genoss Hermanns anhaltende Gastfreundschaft und schrieb auf dessen Burgen seine Romane. Wenn er dem kunstsinnigen Landgrafen gelegentlich auch den Spiegel der Kritik vorhielt, so sind Hermanns

politische Schattenseiten damit nur allzu milde angedeutet.
Stets auf den vermeintlich größten Vorteil bedacht, diente er sich im erbitterten Streit der Welfen und Staufer um die Kaiserkrone bald diesen, bald jenen an; genützt hat es nichts. In Thüringen wechselten die Kriegsschauplätze, zurück blieb verbrannte Erde.
Man hat ihn wohl kaum geliebt, diesen schillernden Mäzen, jedoch auch skrupellosen Taktierer, für dessen Seelenheil seine fromme Gemahlin Sophie so inbrünstig betete. Ein kaum verdientes Denkmal setzten ihm die heiratspolitischen Winkelzüge, nach denen die ungarische Königstochter Elisabeth an seinen Hof gelangte.

32 Schauenburg, Friedrichroda, Thüringen

33 Ludwig der Springer, Eisenach, Thüringen

34 + 35 Wartburg, Thüringen
36 + 37 Neuenburg, Freyburg, Sachsen-Anhalt
38 Astsäule, Palas der Runneburg, Thüringen
39 Runneburg, Weißensee, Thüringen

40 + 41 *Eckartsburg, Eckartsberga, Thüringen*

42 + 43 *Kloster Reinhardsbrunn, Friedrichroda, Thüringen*

44 + 45 *Creuzburg über der Werra, Creuzburg, Thüringen*

SANCT·ELISABET
LUDOVIC

Das exotische Königskind

Gleich nach Ankunft der vierjährigen Elisabeth am Landgrafenhof, so weiß der Chronist zu berichten, legte man die kleine Braut mit dem ihr zugedachten Knaben in ein Bett – das rührende Bild blendet die realen Hintergründe des thüringisch-ungarischen Heiratsbündnisses aus. Der Vermittler, Elisabeths Onkel Bischof Ekbert von Bamberg, und sein Bruder, beide der Mitwisserschaft am Mord König Philipps II. verdächtigt und verfolgt, waren 1208/09 zu ihrer Schwester, Königin Gertrud, nach Ungarn geflohen.
Während sich Ekbert fast zwei Jahre dort aufhielt, tobte in Deutschland der erbitterte Thronstreit zwischen dem Welfenkaiser Otto IV. und seinem staufischen Kontrahenten Friedrich weiter.
Die Erfolg verheißende Fürstenkoalition zugunsten des Staufers, der nun auch wieder Hermann von Thüringen angehörte, suchte nach starken Verbündeten. Sich in dieser Situation der Gunst des Ungarnkönigs und seines Einflusses auf die Andechs-Meranier zu versichern, war am ehesten durch einen passenden Ehekontrakt zu bewerkstelligen. Angenommen und sogleich mit Leben erfüllt, nahmen schon im Herbst 1211 die Thüringer Gesandten – ihnen voran Ritter Walter von Vargula, ein Bruder des landgräflichen Schenken – die ungarische Prinzessin und ihr Gefolge bei Pressburg in Empfang.
Wenige Wochen später dürfte der Zug Eisenach erreicht haben.
Was mochte die kleine Elisabeth bei der Reise durch den Thüringer Wald, was beim Anblick der Wartburg und im Kreis der fremden neuen Familie, empfunden haben?

46 Verlobung, Mosaikdetail, Wartburg, Thüringen

Zugesellt hatte man ihr die fast gleichaltrige Gespielin Guda. Sie blieb wohl die Vertrauteste von allen. Inmitten der Kinder, die am Landgrafenhof aufwuchsen, muss Elisabeth schon frühzeitig aufgefallen sein. Lachen und ausgelassenes Temperament wechselten unvermittelt in tiefsten Ernst, wenn sie das kindliche Spiel unterbrach, um die Kirchentür zu küssen, oder in die Burgkapelle lief und vor dem gekreuzigten Christus betend auf die Knie fiel.
Im fröhlichsten Reigen hielt sie „Gott zuliebe" plötzlich inne, um für eine Weile in Andacht zu versinken. Wenn Elisabeth, was besonders häufig geschah, ärmere Spielgefährten beschenkte, so verlangte sie dafür von ihnen ein Vaterunser, ein Ave Maria.
Von derart seltsamem Verhalten berichteten später Guda und Elisabeths Hofdame Isentrud. Sollte man ihren Zeugenaussagen im Prozess der Heiligsprechung die glorifizierende Absicht unterstellen, oder beschrieben sie nur ein sehr sensibles Kind, das tiefe und gegensätzlichste Eindrücke zu bewältigen sucht?
Schon auf Hermanns Burgen kontrastierten höfischer Feingeist und Spiritualität mit der rohen Gewalt. Noch widersprüchlicher zur fürstlichen Pracht musste einem offenen Auge und Herzen das menschliche Elend jenseits der Mauern, in den schmutzigen Niederungen der Städte, erscheinen. Der dort allgegenwärtige Tod griff aber auch ganz direkt in das Leben des Kindes ein. So erfuhr die Sechsjährige vom plötzlichen Ende der Mutter.

Drei Jahre später starb unerwartet Hermann, der vermutlich älteste Sohn des Landgrafen, von dem keiner weiß, ob Elisabeth nicht vielleicht ihm zugedacht war. Als im April 1217, wohl dem Wahnsinn verfallen, auch der alte Landgraf verschied, soll man bei Hofe allzu laut darüber nachgedacht haben, die merkwürdige Königstochter nach Ungarn zurückzuschicken. Sie war zum Ärgernis geworden, litt unter der spürbaren Ablehnung wahrscheinlich noch mehr als unter der ungewissen Zukunft. In dieser Lage stellte sich der junge Ludwig, nach des Vaters Tod Landgraf geworden, schützend vor Elisabeth. War sie doch ihm versprochen worden, oder hatte er das neben sich herangewachsene Mädchen nur so lieb gewonnen, dass er es nicht mehr missen wollte und gegen alle Anfeindungen verteidigte? Von einer Liebesheirat sprachen die Zeitzeugen, als sich Ludwig und Elisabeth 1221 vermählten – für die meist politisch motivierten dynastischen Verbindungen war das etwas höchst Ungewöhnliches.

50 *Burg derer von Vargula, Großvargula, Thüringen*

51 *Blick nach Südwest, Wartburg, Thüringen*

52 *Begrüßung, Elisabethzyklus vom Hochaltar Kosice, Slowakei*

53 *Wartburg, Thüringen*

54 *Palas der Wartburg, Thüringen*

55 *Apostel Johannes, Eisenach, Thüringen*

56 + 57 *Doppelkapelle der Neuenburg, Freyburg, Sachsen-Anhalt*

58 + 59 *Unterkirche der Doppelkapelle auf der Neuenburg, Freyburg, Sachsen-Anhalt*

60 + 61 „Garten Eden" bei Eckartsberga, Thüringen

62 + 63 Marienkirche, Freyburg, Sachsen-Anhalt

64 + 65 Chor der Nikolaikirche, Creuzburg, Thüringen

ST·ELI SABETH
SANCTA ELISÆBETH CVM PV
HERMAN

Jahre der Ehe

Das Bild der reich gekleideten Landgräfin am Spinnrocken, den spielenden Sohn im Blick, kündet vom Idyll häuslichen Zeitvertreibs, doch war das Wollespinnen keine standesgemäße Tätigkeit, und noch weniger war es die anschließende Lieferung des Garns an die franziskanischen Bettelmönche. In deren Ideal von christusgleicher Armut, Barmherzigkeit und Gotteswort erblickte Elisabeth immer mehr ihr eigenes. Wie schon das Kind entsprach auch die junge Fürstin so gar nicht den Standesvorstellungen. Selbst die ihr ergebenen Hofdamen murrten, wenn sie Elisabeth in die stinkenden Hütten der Stadt folgen sollten, beladen mit Geschenken, um die dortige Not zu mildern. Die Herrin lud Bettler an ihren Tisch, wusch Armen die Füße, fütterte die Schwachen, küsste gar die eiternden Wunden von Kranken, kümmerte sich um das würdige Begräbnis von Toten.
Wohl haben Almosenspenden und Fürsorge zur Fürstenpflicht gehört, doch überschritt Elisabeth jedes Maß und jede Grenze. Man muss die Gegensätze mit Gegensätzen ausgleichen, soll sie fröhlich gesagt haben, und in ihr rastloses Helfen mischten sich Tränen des Mitleidens und der Freude. War denn aber mit einer solchen Landesfürstin und Königstochter, die im wollenen Kleid, ohne Schmuck und Krone zur Kirche schritt und sich den Ärmsten zugesellte, Staat zu machen? Mussten das die Angehörigen nicht als Provokation empfinden, die zur Armut Verdammten womöglich als Hohn?

66 Elisabeth am Spinnrocken, Mosaikdetail, Wartburg, Thüringen

Den Überlieferungen zufolge hatte der Ehemann Ludwig Verständnis für Elisabeth, ja er lobte sogar Großzügigkeit und Umsicht, mit der sie im Hungerjahr 1226 landesweit die herrschaftlichen Kornspeicher öffnen und alle Vorräte verteilen ließ. Er muss den Bau des Hospitals am Fuße der Wartburg unterstützt haben, worin seine Frau die elendsten Kranken pflegte. Er schritt nicht ein, wenn sie prächtig gekleideten Adelsfrauen Hoffart vorhielt und sie zur Demut aufforderte.
Eines Tages, so weiß es die Legende, eilte Elisabeth von der Wartburg in die Stadt hinunter, um den Ärmsten Brot zu bringen, verbarg es aber in ihrem Mantel, weil der Gemahl das höchst ungern sah. Als plötzlich Ludwig ihr überraschend in den Weg trat, fragte, was sie da trage, und ihr Gewand beiseite zog, hatte sich das Brot in Rosen verwandelt.
Die Wirklichkeit hätte des Wunders wohl nicht bedurft. Wie ihre Hofdamen nicht müde wurden zu erzählen, liebten sich Elisabeth und Ludwig in wunderbarer Weise, forderten sich gegenseitig zum Lob Gottes auf und bestärkten sich zu seinem Dienst. In ihrem Bericht unterschied Isentrud von Hörselgau sogleich in die notwendig weltlichen Pflichten des Landgrafen und die der christlichen Barmherzigkeit seiner Gemahlin. Doch waren Barmherzigkeit und Gebet keineswegs die einzigen Aufgaben einer frommen Landesfürstin. Schon nach dem ersten Ehejahr gebar Elisabeth auf der Creuzburg den erhofften Thronfolger Hermann, es folgten 1224 Sophie

und 1227 Gertrud. Die blutjunge Frau war eine herzlich liebende Mutter und Ehegattin, mit der Schlüsselgewalt stand sie einem beträchtlichen Hof vor, und für die Zeiten seiner häufigen Abwesenheit legte Landgraf Ludwig die Regentschaft vertrauensvoll in ihre Hände.
So souverän zupackend die Zwanzigjährige auch geschildert wird, verbunden fühlte sie sich immer der Botschaft Jesu, die den Armen, Geplagten und Geschundenen in tiefster Nächstenliebe begegnet.
Den Konflikt zwischen intimstem Eheglück, den damit verflochtenen weltlichen Ansprüchen und ihrem evangelischen Sendungsbewusstsein haben Ludwig und Elisabeth mit Hilfe des Beichtvaters Konrad von Marburg zu lösen versucht. Wirklich bewältigt hat Elisabeth ihn erst nach Ludwigs Tod.

70 Rittersaal der Wartburg, Thüringen

71 Elisabeth von Tilman Riemenschneider, Stadtkirche Münnerstadt, Franken

72 Kopffragment eines „Schmerzensmannes", Eisenach, Thüringen

73 Elisabethfigur aus Terrakotta, Wartburg, Thüringen

74 + 75 Siechenhaus im Grabungsgelände, Wartburg, Thüringen

76 Westfassade des Palas, Wartburg, Thüringen

77 Gobelin, Museum Sacro Convento in Assisi, Italien

78 Legende vom „Kreuzwunder", Altarzyklus, Bardejov, Slowakei

79 Elisabethkemenate der Wartburg, Thüringen

80–83 *Werrabrücke und Burg Creuzburg, Thüringen*

84 *Geburtsszene, Altarzyklus, Bardejov, Slowakei*

85 *Kemenate, Creuzburg, Thüringen*

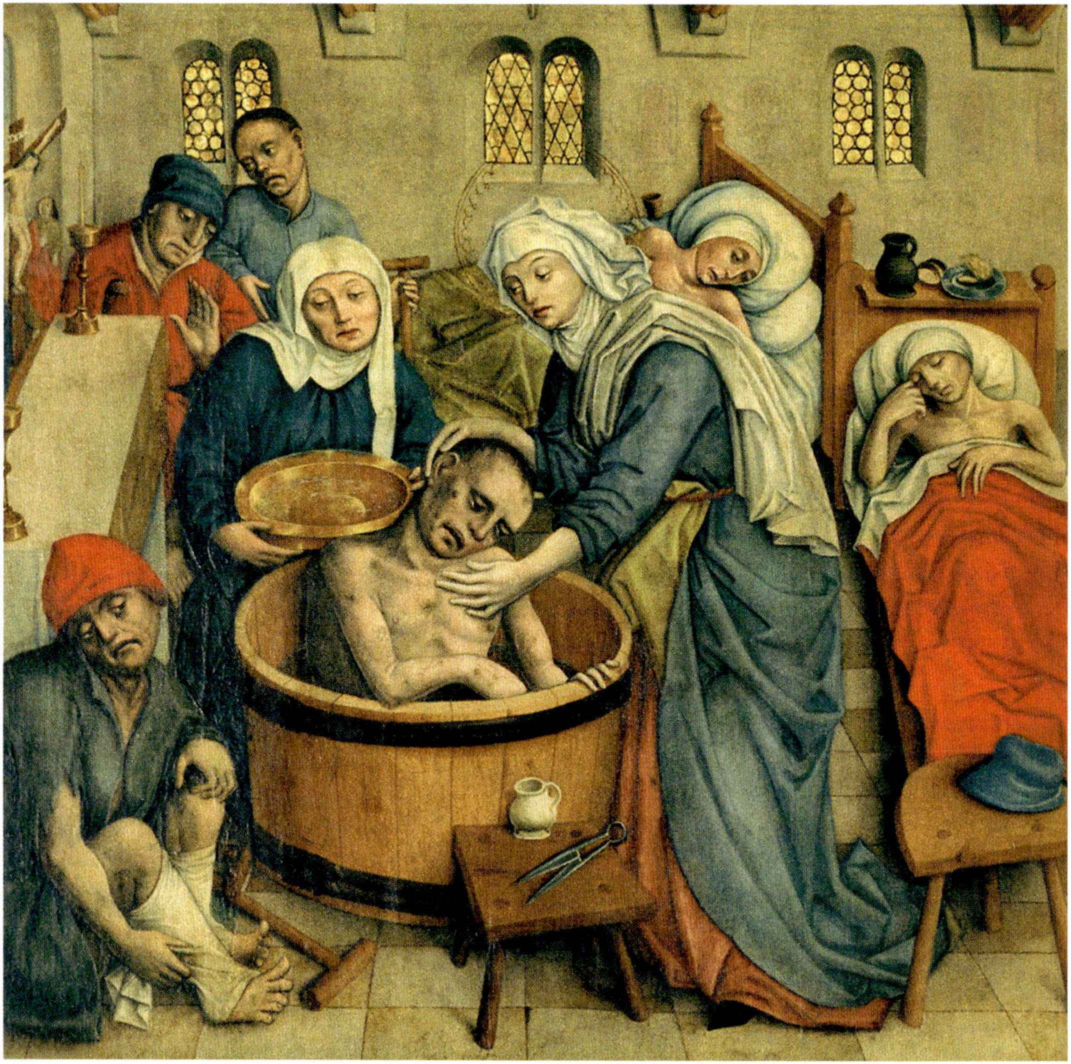

86 + 87 Hospitalszenen, Altarzyklus im Elisabethdom, Kosice, Slowakei

88 Elisabeth besucht Kranke, Glasmalerei in der Elisabethkirche, Marburg, Hessen

89 Elisabethfigur, Hochaltar im Elisabethdom, Kosice, Slowakei

B
R
VN
DV
SI
V
M

Streifzüge an der Seite Ludwigs IV.

Der „Heilige“, zu dem ihn die Volksmeinung nach seinem Tod erklärte, war Ludwig im zähen Ringen um seine expansiven Ziele wohl kaum. Den jungen Herrscher zeichneten politisches Geschick, diplomatische Weitsicht und ein energischer Wille zur Mehrung von Macht und Besitz aus. Schon kurz nach seinem Regierungsantritt bediente sich Ludwig der üblichen Waffengewalt, ließ im Streit mit dem Mainzer Erzbischof Dörfer niederbrennen, brachte Bauern um ihre Existenz. Mit der Vormundschaft über seinen Neffen Heinrich, den zukünftigen Markgrafen, verband der Ludowinger durchaus eigene Herrschaftsansprüche über die Marken Meißen und Lausitz, wenn er sich als Landesherr huldigen ließ oder gegen das an der Oder gelegene polnische Lebus zu Felde zog, um seinen Einflussbereich nach Osten auszudehnen.

Dass er nicht gewillt war, den Zugewinn bei Volljährigkeit des Mündels wieder aufzugeben, zeigte sich im Ausbau der Neuenburg zum Stützpunkt seiner stringenten Ostpolitik und in den Verhandlungen mit Kaiser Friedrich. Dieser sicherte Ludwig für den Fall von Heinrichs Tod schließlich nicht nur die Meißner Territorien zu, sondern versprach ihm auch das jenseits der Reichsgrenze liegende Land der Preußen – soweit es eben zu erobern war. Als Ludwigs Halbschwester und Mutter Heinrichs des Erlauchten, Jutta, die Pläne zu durchkreuzen trachtete, scheute der Landgraf auch die Familienfehde nicht, verwüstete deren Land und besetzte Leipzig.

In erster Instanz zeigte sich Ludwig demnach als souveräner

90 Kreuzfahrer, Mosaikdetail, Wartburg, Thüringen

Reichsfürst und Kaiser Friedrichs II. treuer Gefolgsmann. Diesen Status musste er zur Schau stellen, zum Beispiel in der beeindruckenden Doppelkapelle der Neuenburg, aber auch im Ausrichten von Festen und Empfängen. Die väterlichen Vorlieben für höfische Literatur teilte der Sohn indes nicht. Thüringens berühmter Musenhof schloss unter Ludwig IV. seine Pforten und sah anstatt Hermanns weltlicher Reigen nun die Aufführung geistlicher Spiele. Reminiszenz an Elisabeth oder Ausdruck von Ludwigs besonderer Frömmigkeit?
Sein Gelübde, mit dem er sich 1224 zur Teilnahme am Kreuzzug Friedrichs II. verpflichtete, entbehrte zu dieser Zeit bereits weitgehend der religiösen Euphorie von einst, sondern folgte vielmehr der politischen Diplomatie des Stauferkaisers. Für sein Thüringer Aufgebot nach Palästina handelte der Landgraf bei Friedrich die Zahlung von 5 000 Mark aus. Um diese und andere Fragen zum Kreuzzug sollte es auf dem Reichstag gehen, den der Kaiser für das Frühjahr 1226 nach Cremona einberief. Ludwig IV. hielt sich für vier Monate in Italien auf; nach seiner Rückkehr verblieb ihm ein Jahr, um sich und sein Gefolge für den christlichen Waffengang zu rüsten. Am 24. Juni 1227 brach der Landgraf gen Süden auf, ein Stück weit begleitet von Elisabeth, die sich schließlich unter Tränen verabschiedete. Das Heer passierte den Brenner, durchquerte die Lombardei und die Toskana und erreichte am 16. August die Hafenstadt Brindisi, wo die Reise zu Schiff fortgesetzt wurde.
Hier erkrankte Ludwig an einem typhusartigen Fieber und starb im

Beisein des Kaisers, des Patriarchen von Jerusalem und des Bischofs von Akkon am 11. September in Otranto.
Landgraf Ludwig IV. war ohne Zweifel eine Schlüsselfigur in Elisabeths Leben, ohne seine Duldsamkeit gegenüber ihren Lebensmaximen und ohne seine schützende Liebe scheint eine Landgräfin, wie sie die Überlieferung schildert, undenkbar gewesen zu sein. Krone und Kreuz waren bei Ludwig nahtlos miteinander verschränkt.

94 *Westarkade, Wartburg, Thüringen*

95 *Ludwig IV., Georgenkirche Eisenach, Thüringen*

96 *Landgräfliche Brakteaten, Wartburg, Thüringen*

97 *Blick von der Runneburg auf Weißensee, Thüringen*

98 *Bergfried, Wartburg, Thüringen*

99 *Kirche und Tor „St. Nikolai", Eisenach, Thüringen*

100 Rosenwunder, Freskodetail, Wartburg, Thüringen

101 Abschiedsszene, Altarzyklus, Bardejov, Slowakei

102 *Alpenpass Brenner, Italien*

103 *Ludwig IV., Detail vom Elisabethdenkmal in Sárospatak, Ungarn*

104 *Prophet vom Portal des Domes, Cremona, Italien*

105 *Westfassade, Dom Cremona, Italien*

106 *Brudermord, Detail vom Fußbodenmosaik, Dom von Otranto, Italien*

107 *Staufergarnison, Lucera, Italien*

108 + 109 *„Krone Apuliens", Castel del Monte, Italien*

110 *Kaiser Friedrich II. erbaute Castel del Monte, Italien*

111 *„Stauferkanzel“, Dom von Bitonto, Italien*

112 *Basilika San Pietro, Otranto, Italien*

113 *Olivenhain mit Trullis, Otranto, Italien*

114 + 115 *Altstadt und Hafen von Otranto, Italien*

SANCT·ELISABETHA

Der Wunsch nach Armut

Freiwillig arm sein zu wollen, erscheint absurd. Unter der Sicht des Mitleids begreift man Armut als ungewollte Bürde, beklagenswerten Mangel, innerhalb der heutigen Wertegesellschaft oft genug als Makel. Dabei war dies bereits das geläufige Denkmuster der Antike, in den Armen, und zu ihnen zählten auch die zur Arbeit Genötigten, nur mindere, ja unmoralische Kreaturen ohne gesellschaftlichen Belang zu sehen. Erst der Reichtum, so der einfache Gedankengang, befreit von allen existentiellen Zwängen und gestattet ein menschenwürdiges Leben.
Es verwundert daher nicht, dass Jesu frohe Botschaft von der Seligkeit der Armen in den antiken Hochkulturen als anstößig, als gefährlicher Sprengstoff begriffen wurde. Auch wenn das Christentum schließlich in den Ketten der Institution Kirche gezähmt und konserviert wurde, ging ihm sein rebellierender Gehalt nie verloren, erhoben sich im Verlauf seiner Geschichte immer wieder die von der sanktionierten Lehrmeinung gefürchteten Stimmen des Einspruchs und der Rückbesinnung auf die ursprünglichen Leitsätze Christi. Fast will es programmatisch erscheinen, dass in Elisabeths Geburtsjahr 1207 der reiche Kaufmannssohn Franziskus von Assisi allen weltlichen Gütern abschwor, um als barfüßiger Bettler das Evangelium in die Welt zu tragen. Die Zahl seiner Anhänger wuchs, 1215 erreichte Franz die päpstliche Anerkennung seines Ordens, als Büßer und Wanderprediger verbreiteten die Minderbrüder seine Lehre über die Ländergrenzen hinaus.

116 Entsagung, Mosaikdetail, Wartburg, Thüringen

Die junge Thüringer Landgräfin begegnete ihnen um 1224, fand in den Predigten über die befreiende, selig machende Armut nach Christi Vorbild ihr Inneres ausformuliert und bat den franziskanischen Laienbruder Rodeger um Unterweisung in Demut und Geduld, um genau dieses Ziel zu erreichen.
Ein so konsequent verstandener Christusglaube erhob, wie es von Franziskus wörtlich überliefert ist, die Armut zur „Herrin". Bezeichnenderweise nannte er sich einen „Idioten" – ein Selbstverständnis, das zwar grotesk wirkt, tatsächlich aber vom Urteil der Normalität nicht weit entfernt gewesen sein dürfte. Dem Geiste nach waren weder Franziskus von Assisi noch Elisabeth von Thüringen einfältige Toren. Vielmehr übersetzten sie das christliche Gebot, sich mit den Niedrigsten gemein zu machen, sie zu lieben und froh zu machen, ihnen zu dienen und untertan zu sein, in ihr reales Leben, worin gesellschaftlicher Rang oder Anerkennung unwichtig waren. Nur in der völligen Identifizierung mit diesem Ideal ist der generelle Bruch im Leben des Franziskus zu verstehen, und nur so erfasst man auch Elisabeth, die sich bis zu Ludwigs Tod zudem im Zwiespalt fordernder Gegensätze gefangen fühlte, um danach ihren Weg noch geradliniger und kompromissloser zu gehen. Nicht zuletzt wegen seiner Extreme leuchtet ihr Beispiel aus der vielgestaltigen Armutsbewegung des 13. Jahrhunderts hervor, die sich über ganz Europa ausbreitete. Die wachsende Schar von Minderbrüdern, Beginen und Begarden war die alternativ

religiöse Antwort auf wachsende Sozialprobleme der Zeit.
Sie richtete sich gegen den Adelsstand, die aufsteigenden Bildungsmächtigen der ersten Universitäten, die traditionelle Kirche, kurz: gegen die gesellschaftliche Elite, die dem göttlichen Auftrag der Armenfürsorge nicht nachkam und sich statt dessen Eitelkeit, Habsucht und Korruption hingab.
Abgesehen von den hilfsbedürftigen Kranken, Krüppeln, Kindern und Greisen und abgesehen von den Kriegen, Mißernten, Hungersnöten und Seuchen, die die Zahl der Armen jedes Mal potenzierte, schloss der mittelalterliche Begriff Armut noch immer auch die für den Lebensunterhalt notwendige Arbeit ein und meinte wie eh und je das irrelevante Elend der Alleingelassenen, der Vergessenen.

120 + 121 *Assisi, Umbrien, Italien*

122 *Porziuncola-Kapelle in der Kirche St. Maria degli Angeli, Assisi, Italien*

123 *Franziskus, Freskodetail in der Franziskuskirche, Assisi, Italien*

124 *Einsiedelei Eremo delle Carceri, Assisi, Italien*

125 *Kapelle Eremo delle Carceri, Assisi, Italien*

126 Fresko der Heiligen Klara und Franziskus, Assisi, Italien
127 Franziskanerkloster San Damiano, Assisi, Italien

128 + 129 *Weltgericht, Kiliansdom Würzburg, Franken*

SCT: ELISABETH

Vom Dunkel ins Licht

Elisabeth war zum dritten Male Mutter geworden, als man ihr Ende September 1227 die Nachricht von Ludwigs Tod überbrachte.
Für die junge Frau stürzte der Himmel ein und, was sie zu dieser Zeit noch kaum überblickte, eine Welt zusammen. Wehte ihr von allen Seiten der Familie nun die offene Feindschaft entgegen, so ließ es ihr Schwager Heinrich Raspe dabei nicht bewenden und entzog Elisabeth das verbriefte Recht auf die Witwengüter. Damit war ihr, die nach Gebot ihres Beichtvaters Konrad nur Speisen aus rechtmäßigen Quellen verzehren durfte, jegliche Nahrung versagt.
Den Entschluss der Wartburg den Rücken zu kehren, muss die Landgräfin impulsiv und planlos gefasst haben. Begleitet von den treuen Hofdamen Guda und Isentrud ließ sie in der mitternächtlichen Franziskanerkapelle die Minderbrüder das Tedeum anstimmen und verbrachte die erste Nacht in einem Schweinestall, glücklich über den vollzogenen Bruch. Prekär wurde die Lage, als man ihre Kinder, die sie in behüteten Verhältnissen geglaubt hatte, in das Elendsquartier nachschickte. Unter unwürdigsten Bedingungen durchlitt die kleine Gruppe den Winter 1227/28 in Eisenach und bat oft vergebens um Hilfe. Eine arme Alte, die aus der Hand der Landgräfin einst Almosen empfing, stieß die Wohltäterin nun hämisch in den Dreck der Gasse. Elisabeth erhob sich heiter, zeigte ihr diese Szene doch, dass sie endlich nichts weiter galt, als denn eine Arme unter Armen. Natürlich bemühten sich ihr Vater, Andreas von Ungarn, und die mütterlichen Verwandten um schnelle Hilfe – vergeblich.

130 Vertreibung, Mosaikdetail, Wartburg, Thüringen

Am Karfreitag 1228 sagte sich Elisabeth im Beisein Konrads von Marburg von ihren Eltern, ihren Kindern, ihrem eigenen Willen und von allem weltlichen Glanz los. Die Kinder Hermann und Sophie kehrten an den landgräflichen Hof zurück, während die halbjährige Gertrud der Mutter noch einige Monate lang bedurfte. Bischof Ekbert von Bamberg, Elisabeths Onkel, sowie ihre Tante Mechthild, die Äbtissin von Kitzingen, erwogen derweil die standesgemäße Neuvermählung der jungen Witwe. Obwohl sich Elisabeth gegen das ihren Gelübden widersprechende Ansinnen heftig sträubte, hielt sie Ekbert bis Anfang April 1228 auf der fränkischen Burg Pottenstein fest und ließ sie erst bei der Überführung von Ludwigs sterblichen Überresten und der Bestattungsfeier nach Thüringen zurückkehren. Hier hatte inzwischen der vom Papst zu Elisabeths Schutz befohlene Konrad von Marburg mit Heinrich Raspe verhandelt und nicht nur die Auszahlung des Wittums von 2000 Silbermark erwirkt, sondern ihr auch die lebenslange Nutznießung landgräflicher Ländereien bei Marburg zusichern lassen. Konrads Erfolg wandte sich gegen Elisabeths Wunsch nach franziskanischer Armut, doch erschien ihm der Absturz der Königstochter und Landgräfin zu einer ihres Weges ziehenden Bettlerin undenkbar, zumal er sie zu beschützen versprochen hatte. Auch wenn er sein spirituales Beichtkind zu höherer Wirkungsmacht berufen sah, wäre der übliche und vor allem standesgemäße Schritt der Eintritt in ein Kloster kein Hemmnis gewesen, aber den lehnte Elisabeth rigoros ab. „Ich mache das, was ihr mir nicht verbieten könnt“, soll sie zu Konrad gesagt haben. Der Plan zu einem neuen Hospital gewann in ihr allmählich Gestalt, konnte sie doch hier ungehindert verwirklichen, was ihrem Wunsch am meisten entsprach. Mit Jesus Christus wollte sie leben, wie er wollte sie jedoch in der Welt wirken. Noch im Sommer 1228 begann man vor der Stadt Marburg mit ihrem Geld den Bau eines Hospitals, in dessen Gemeinschaft sie als Gleiche unter Gleichen eintreten sollte.

134 + 135 *Wartburg von Norden, Thüringen*

136 + 137 *Fragmente, Runneburg zu Weißensee, Thüringen*

138 *Heinrich Raspe, Eisenach, Thüringen*

139 *Wartburgtor, Thüringen*

140 + 141 *Eisenach, Thüringen*

142 *Demütigung, Altarzyklus, Bardejov, Slowakei*

143 *Vertreibung vom Landgrafenhof, Wartburg, Thüringen*

144 Bamberger Dom von Nordost, Franken
145 Gewölbe im Bamberger Dom, Franken

146 *Burg Pottenstein, Franken*

147 *Bischof Ekbert, Dom zu Bamberg, Franken*

ST
ELI
S
A
BETH

Elisabeths Marburger Hospital

Elisabeths Hospitalgründung im Westen der Landgrafschaft muss den Ludowingern entgegengekommen sein, da erst Eisenach und Gotha über derartige Siechenhäuser verfügten. Der Zeit und ihrem Zweck entsprechend wird die Anlage vor Marburgs Toren aus schlichten Fachwerkhäusern bestanden haben. Die im Herbst 1228 vollendete Kapelle ließ Elisabeth Franziskus von Assisi weihen, der erst kurze Zeit zuvor heilig gesprochen worden war. Die erste Kirche diesseits der Alpen mit seinem Patronat wurde zum Wallfahrtsort, der jedem Pilger 40 Tage Ablass versprach. Der Altarraum der Kirche öffnete sich zur angrenzenden Krankenhalle, so dass auch die bettlägerigen Insassen als Gottes Gäste an den Messen teilnehmen konnten.

Noch 1235 bemerkte man die kostbaren Decken, Tücher und Kissen auf den Krankenbetten. Was die Schwäger Elisabeth an Vermögen und Aussteuer zugebilligt hatten, verwendete sie für ihre guten Zwecke, verschenkte Putz und Kleider an Bedürftige und schlüpfte selbst in das schmucklos graue Gewand der Religiosen, das keine Ordenstracht war, sondern das Armutsgelübde jener verachteten „Schwestern in der Welt“ unterstrich. Elisabeth hatte damit ihren Platz gefunden. Mit der Übergabe der kleinen Gertrud an das Prämonstratenserinnenkloster Altenberg zerschnitt sie, gewiss nicht leichtherzig, das letzte Band zu ihrem einstigen Leben und ließ es daher auch zu, dass Konrad ihre Gefährtinnen Guda und Isentrud fortschickte. Eine strenge, finstere Adelswitwe und eine taube Jungfrau

148 Elisabeth als Bauherrin, Mosaikdetail, Wartburg, Thüringen

aus niederem Stand nahmen ihren Platz ein, um nach seinem Willen Elisabeths Demut und Geduld zu vermehren. Konrads düstere, asketische Gestalt mochte mit seinen harten Geboten, seinen Schlägen für jedes Fehlen, jedweden Ungehorsam ihr junges Leben überschattet haben. Da es für die einstige Fürstin jedoch ein Leichtes gewesen wäre, ihn gegen einen weniger strengen Beichtvater auszutauschen, erfüllte er in all seiner unmenschlich anmutenden Strenge und seinem grenzenlosen Fanatismus Elisabeths Erwartungen; sie brauchte Hilfe für ein wahrhaft christliches Leben.

Die gelobte Willenlosigkeit kann indes nicht ohne Einschränkung gesehen werden. Das, was Elisabeth wirklich wollte, tat sie auch, und es gab Beispiele, in denen sie sich den Anordnungen des Meisters widersetzte. Übel nahm er es auf, als Elisabeth an einem einzigen Tag die ungeheure Summe von 500 Silbermark an die Armen verschenkte. Als sie heimlich, trotz des Verbots, eine aussätzige Frau in einer entlegenen Ecke bettete und pflegte, griff Konrad zur Peitsche, bestrafte Elisabeth und jagte die Kranke davon.

Dass sie sich den Leprosen mit besonderer Hingabe zuwandte, ist schon aus früheren Jahren belegt. Lepra – für den mittelalterlichen Menschen ein von Gott gesandtes Schicksal und Zeichen seiner Gnade – brachte nicht nur ekelerregende Geschwüre hervor, es bestand zudem auch hohe Ansteckungsgefahr.

War dies die Ursache ihres frühen Todes? Oder hatten sie die Kräfte verlassen wie vielfach angenommen wird? Berichte über die eigene Vorhersage ihres bevorstehenden Endes und ihr langsames,

sanft lächelndes Hinscheiden zeichnen ein sonderbares Bild,
das an die mittelalterlichen Mystikerinnen erinnert. Sie sei heiter gewesen, habe auf dem Sterbebett wunderbar gesungen.
Friedlich entschlief Elisabeth von Thüringen im Morgengrauen des 17. November 1231, treu neben ihrem Lager saß ein kleiner Junge, den sie einst hatte heilen können.
Den Leichnam bahrte man in der Hospitalkapelle auf und ließ das herbeiströmende Volk zwei Tage lang Abschied nehmen.
In der Überzeugung der Trauernden war eine Heilige gestorben.
Bereits während dieser kurzen Zeit kamen die ersten Reliquien – Haare, Fingernägel, Partikel ihres Gewandes – in Umlauf. In die kleine Kapelle pilgerten Scharen Kranker, drängten sich an ihrem schlichten Grab vor dem Altar und wurden auf wundersame Weise gesund.

152 *Tympanon der Spitalkirche, Ochsenfurt, Franken*

153 *Elisabethrelief im Dom zu Kosice, Slowakei*

154 *Elisabethkirche, Marburg, Hessen*

155 *Hospitalszene, Dom Kosice, Slowakei*

156 Kapelle des Deutschordens-Hospitals, Marburg, Hessen

157 Detail vom Elisabethschrein, Marburg, Hessen

158 *„Die Heilige Elisabeth und ihr Zuchtmeister Konrad von Marburg“, Philipps-Universität zu Marburg, Hessen*

159 *Geißel, Detail vom Grab des Deutschordens hochmeisters Konrad, Marburg, Hessen*

160 Trauerszene, Fresko, Elisabethkirche Marburg, Hessen

161 Sterbesakramente, Gemäldedetail, Wartburg, Thüringen

162 + 163 Sarkophag, Elisabethkirche Marburg, Hessen

164 Grabtumba, Elisabethkirche Marburg, Hessen

165 Elisabeths Tod, Freskodetail, Wartburg, Thüringen

166 Elisabethfigur, Freyburg, Sachsen-Anhalt

167 Erhebung der Gebeine, Fresko, Wartburg, Thüringen

I·N·R·I
AGNETE
AVE MARIA
SANCT

Epilog

Jacobus de Voragine, der mittelalterliche Homer der Heiligenlegenden, übersetzte in seiner Legenda aurea den Namen Elisabeth mit „Gottes Siebente“. Die hebräische Bezeichnung für Gott „Eli“ wird durch „sabeth“ vervielfacht. Der kurz vor Elisabeths Tod geborene Genueser Theologe und Erzbischof dachte an den siebenten Tag der Schöpfungsgeschichte, den Sabbat – Inbegriff der Ruhe Gottes, da sein Werk vollendet ist, und der Ruhe des Menschen in Gott. In der biblischen Zahlenmystik steht die Sieben für göttliche Fülle, die Acht für Auferstehung und Neubeginn.
Zwischen beiden siedelte Jacobus die Vita der Heiligen Elisabeth an und ordnete ihr neben den sieben Taten der Barmherzigkeit auch sieben Stände zu: den der Jungfrau, der Gattin und der Witwe, den des tätigen Wirkens, des schauenden Lebens, der mönchischen Askese und den der Glorie. Getreu der ersten Lebensbeschreibungen und protokollierten Zeugenaussagen im Heiligsprechungsprozess hatte sich das sakrosankte Bild einer der „modernsten“ Heiligen geformt, das in der gesamten westlichen Christenheit seine Verehrung fand. Kaum ist hinter ihm die historisch wahre Biographie Elisabeths noch zu erahnen. Oder gab es wirklich das temperamentvolle Königskind, das am liebsten betete, die Fürstin, die sich zur demütigsten Dienerin machte, die Rabenmutter, die ihre Kinder verließ, die radikale Fundamentalistin, die in der Umkehrwelt des Evangeliums lebte, die skandalöse Exzentrikerin mit dem Mut zur Karriere von ganz oben nach tief unten? Auch wer ihren engsten

168 Mosaikdetail, Wartburg, Thüringen

Lebensbegleitern, den Hofdamen und Dienerinnen, den Mitschwestern des Marburger Hospitals liebende, verklärende Erinnerung, dem Seelenführer Konrad das Trachten nach Elisabeths Heiligsprechung zutrauen möchte, wird kaum leugnen können, dass sie über eine ganz und gar ungewöhnliche Frau, eine Ausnahmeerscheinung, berichteten. Nach ihrem Tod hat die Welt sie verehrt, ihre Gebeine in einen edelsteinbesetzten Sarkophag umgebettet, ihren Kopf in ein kostbares Gefäß eingeschlossen. Über der letzten Ruhestätte Elisabeths, der demütigen Büßerin für ein durchschautes Irdendasein, wuchs zu Füßen des Schlosses der Landgrafen, die sich nun mit dem heiligen Familienmitglied schmückten, eine der prunkvollsten Grabeskirchen empor. Sinnend stehen wir vor Monumenten der Erinnerung an die ungarische Heilige von Thüringen, sehen Orte, an denen sie zu Hause war, Orte die sie kannte, Orte, von denen man ihr gewiss erzählt hat. Finden fernab davon die ihr verwandten Wesensspuren. Versuchen auf der Bildreise neue Eindrücke zu gewinnen, Blickkontakte zu erlangen. Geographische Grenzen, in denen sich Elisabeths Leben vollzog, verlieren dabei ihr Gewicht, lösen sich auf in eine zeitlose Landschaft des sehenden Geistes.

171 *Elisabeth, Glasmalerei, Elisabethkirche Marburg, Hessen*

172 Elisabeth, Freskodetail, Franziskuskirche Assisi, Italien

173 Backhaus und Elisabethkirche, Marburg, Hessen

174 + 175 *Ort der Heiligsprechung, San Domenico, Perugia, Italien*

176 *Hochaltar, Elisabethdom Kosice, Slowakei*

177 *Elisabethdom Kosice, Slowakei*

178 *Kirchhof der Michaelskapelle, Marburg, Hessen*

179 *„Philippstein“, Kloster Haina, Hessen*

Der thu nit dem exempel gleich
Wie ongnat ther der reiche man
Der unbarmhertziglich leit stan
Laser um vor der thur voller schwe
Drumb muser nu wiewol ungern
Ewiglich leiden grosse qual
In hellen glut des nembt war all
1530
Ein lange zeit bin ich
Der hungerigen har
Bys das ein ne
Sie hat ver iast aus
Das ich hinfurt nun bleiben
Der armen kranken
Darzu mich geben und
Ja gnedichlich auch hat
Und mit gericht lein wilde
Der christlich furst in
Lantgrave philipus der
Ein hoher preis in aller welt
Die harpya
Harpya ist mein alter nam
Nichts schnotters aus der helle kam
Von gott gesant zur strafft der

180 *Speisung der Hungrigen, Liboriuskapelle Creuzburg, Thüringen*

181 *Liboriuskapelle der Landgrafenbrücke, Creuzburg, Thüringen*

182 „Französische Elisabeth“, Marburg, Hessen

183 Elisabeth, Germanisches Nationalmuseum Nürnberg, Franken

Sonnengesang

„ … Gelobt seist Du, Herr, durch Bruder Wind
und Luft und Wolke und Wetter,
die sanft oder streng, nach Deinem Willen,
die Wesen leiten, die durch Dich sind.

Gelobt seist Du, Herr, durch Schwester Quelle:
Wie ist sie nütze in ihrer Demut,
wie köstlich und keusch!

Gelobt seist Du, Herr, durch Bruder Feuer,
durch den Du zur Nacht uns leuchtest.
Schön und freundlich ist er am wohligen Herde,
mächtig als lodernden Brand.

Gelobt seist Du, Herr, durch unsere Schwester, die Mutter Erde,
die gütig und stark uns trägt
und mancherlei Frucht uns bietet
mit farbigen Blumen und Kräutern.

Gelobt seist Du, Herr, durch die, so ergeben um Deiner Liebe willen
Pein und Trübsal geduldig tragen.
Selig, die‘s überwinden im Frieden …“

Auszug aus dem Sonnengesang von Franziskus von Assisi (1181–1226)

184 *„Wald der Meditation" des Heiligen Franziskus, Monte Subiaso bei Assisi, Italien*

187 *Franziskuskirche über dem Grab des Heiligen, Assisi, Italien*

188 + 189 *Hauptschiff, Elisabethkirche Marburg, Hessen*

Titel
Heilige Elisabeth aus der Werkstatt Tilman Riemenschneiders, um 1500, Germanisches Nationalmuseum Nürnberg.

Seite 2
Detail der Grabplatte Hermanns II. mit dem Wappenschild der Thüringer Landgrafen, gefertigt zu Beginn des 14. Jahrhunderts für die Grablege im Kloster Reinhardsbrunn.

Seiten 6 + 7
Wälder, wasserreiche Quellen und Karsthöhlen charakterisieren die Region des Bükkgebirges. Blick zum nördlichen Horizont Sárospataks in Ostungarn.

Seite 8
Bild der Heiligen Elisabeth in der Burgkapelle von Tirolo.

Seiten 12 + 13
Der Baseler Bildteppich der Wartburg, um 1480 entstanden, illustriert vier Szenen aus Elisabeths letzten Lebensjahren: Dem königlichen Boten, der die junge Witwe zur Heimkehr nach Ungarn bewegen soll, begegnet sie freundlich, aber entschlossen ablehnend. Ein Gesandter ihres Schwagers Heinrich Raspe überreicht das Witwengeld, das Elisabeth mit den Worten „Es soll keinen Verdruss bereiten, wenn es den Armen zugute kommt" annimmt. Folgerichtig sieht man sie anschließend in tätiger Barmherzigkeit.

Seite 14
Den mittelalterlichen Hellgrevenhof am einstigen Eisenacher Georgentor deutet die Sage als Herberge des Magiers Klingsor, einer literarischen Gestalt aus Wolfram von Eschenbachs berühmten Versepos „Parzival".

Seite 15
Nicht viel ist von der alten Befestigung Sárospataks geblieben. Ein romanisches Stadttor, das zum Fluss Bodrog führt, könnte ein erhaltener Zeuge aus der Zeit Elisabeths sein.

Seite 16
Den Beginn seiner Elisabeth-Vita verwob der Chronist Dietrich von Apolda nach 1290 mit dem Sängerkrieg auf der Wartburg. Der in der Dichtung auftretende ungarische Meister Klingsor prophezeite aus den Sternen des Nachthimmels über Eisenach Geburt und Zukunft Elisabeths. Detail aus dem Glasmosaik in der Elisabethkemenate der Wartburg.

Seiten 20 + 21
Über dem „Athen am Bodrog" erhebt sich die stolze Fürstenburg derer von Rákóczi, Symbol der Kämpfe gegen die Habsburger. Die kleine, freundliche Stadt Sárospatak inmitten des Weingebiets Tokay ist der kulturelle Mittelpunkt des ungarischen Landstrichs Hegyalja.

Seite 22
An die romanische Rundkirche der Königspfalz in Sárospatak, einst im Besitz von Königin Gertrud, erinnern ergrabene Reste.

Seite 23
Zu Ehren ihrer berühmtesten Persönlichkeit erbauten die Bürger von Sárospatak die gotische Elisabethkirche.

Seiten 24 + 25
In unzähligen Mäandern windet sich der wasserreiche Bodrog, einer der drei Hauptflüsse der Slowakei und Nordungarns, durch die Tiefebene nach Süden hin und mündet in die Theiß.

Seite 26
Liebevoll nimmt Landgraf Hermann das Königskind in Empfang. 1854 setzte der spätromantische Maler Moritz von Schwind der Heiligen mit seinem Freskenzyklus in der Elisabethgalerie auf der Wartburg eines der schönsten Denkmale.

Seite 27
Höfischer Zeitzeuge am Wege – die aus dem 12. Jahrhundert stammende Kirche in Bodrogolaszi.

Seite 28
Landgraf Hermann von Thüringen und seine Gemahlin Sophie aus dem bayerischen Geschlecht der Wittelsbacher, Detail aus dem Glasmosaik in der Elisabethkemenate der Wartburg.

Seite 32
In der Nähe von Friedrichroda stand die Schauenburg. Die Thüringer Stammburg der späteren Landgrafen bot den Weitblick ins Land; erhalten haben sich nur wenige Spuren.

Seite 33
Graf Ludwig der Springer, Grabplatte aus dem 14. Jahrhundert mit dem Bild des sagenumwobenen Wartburggründers in der Eisenacher Georgenkirche.

Seiten 34 + 35
Seit fast einem Jahrtausend thront auf steilem Felsrücken die Wartburg. Ihr romanischer Palas war eines der spektakulärsten Bauwerke seiner Zeit.

Seiten 36 + 37
Über den Weinhängen Freyburgs an der Unstrut erhebt sich seit Ende des 11. Jhs. die mächtige Neuenburg, auf der Kaiser Friedrich Barbarossa seinen Schwager besucht haben soll. Als einziger von ehemals drei Bergfrieden ist der 1200 errichtete „dicke Wilhelm" erhalten geblieben.

Seite 38
An die kostbare Ausstattung des Palas der Burg Weißensee erinnert die seltene Astsäule mit wundervollem Weinranken-Kapitell.

Seite 39
Auf halbem Wege zwischen Wartburg und Neuenburg soll Ludwigs II. Gemahlin, die Staufertochter Jutta, Burg Weißensee – auch Runneburg genannt – gegründet haben.

Seiten 40 + 41
Nach Aussterben der Eckardiner, auf die eine gleichnamige Vorgängerburg zurückgehen soll, galt die Anlage als Reichsburg, bevor sie der Kaiser um 1120 an Ludwig den Springer verschenkte. Erbauer der heute zu weiten Teilen ruinösen Burg war vermutlich Landgraf Ludwig II.

Seite 42
Reinhardsbrunn, das mit Benediktinern besetzte Hauskloster der Ludowinger, war zugleich Grablege und Kanzlei. Nach der Reformation verfiel dieses geistige und politische Zentrum der Thüringer Landgrafen. Auf seinem Gelände ließen die Gothaer Herzöge im frühen 19. Jh. eine neugotische Schlossanlage bauen.

Seite 43
Im Park von Reinhardsbrunn.

Seiten 44 + 45
Das Kreuz eines früheren Peterskirchleins soll der Creuzburg zu ihrem Namen verholfen haben. Ort und Bauplatz erwarb Landgraf Ludwig II. um 1170 und ließ eine strategisch wichtige Befestigung über der Werra entstehen.

Seite 46
Die symbolische Verlobung der einander versprochenen Kinder Elisabeth und Ludwig, Detail aus dem Glasmosaik der Elisabethkemenate auf der Wartburg.

Seite 50
Auf die landgräflichen Schenken von Vargula geht das Wasserschloss nahe der thüringischen Stadt Bad Langensalza zurück. Die vier ursprünglich königlichen Hofämter, zu denen noch Truchsess, Marschall und Kämmerer gehörten, kennzeichnen den hohen reichsfürstlichen Anspruch Ludwigs III. Nach Dietrich von Apolda führte Ritter Walter von Vargula die Gesandtschaft an, die Elisabeth nach Thüringen geleitete.

Seite 51
Der von der Wartburg nach Südwesten gerichtete Blick schweift noch heute über eine scheinbar unberührte Waldlandschaft.

Seite 52
Mit freundlicher Geste begrüßt Landgraf Hermann die vierjährige Prinzessin, die der elfjährige Bräutigam zu seiner Rechten voller Wohlwollen betrachtet. Szene aus dem Elisabethzyklus des Hochaltars im Dom St. Elisabeth zu Kosice.

Seite 53
Gegen Ende des Jahres 1211 sah Elisabeth wohl zum ersten Mal die Wartburg.

Seite 54
Die überwölbte Innentreppe im Palas der Wartburg verband die landgräflichen Wohnräume mit den repräsentativen Sälen der oberen Etagen.

Seite 55
Besondere Zuneigung empfand Elisabeth zu dem jungfräulichen Apostel Johannes, Beschützer der Keuschheit und Inbegriff der Liebe zwischen Mensch und Gott. Johannesfigur (12. Jh.) aus der Kirche von Braunsdorf bei Greiz, Thüringer Museum Eisenach.

Seite 56
Doppelkapelle der Neuenburg bei Freyburg, um 1220.

Seite 57
Die baukünstlerisch ausgewogene Neuenburger Doppelkapelle, die sogenannte „Elisabeth-Cappeln“, geht auf Landgraf Ludwig IV. zurück.

Seite 58
Blick in die Unterkirche der Neuenburger Doppelkapelle mit Taufstein.

Seite 59
Kapitell in der Neuenburger Doppelkapelle.

Seiten 60 + 61
Ein „Garten Eden“ zwischen Eckartsberga und Freyburg.

Seite 62
In der westlichen Vorhalle der Freyburger Marienkirche haben sich die ältesten Bauteile aus der Zeit Ludwigs IV. bewahrt.

Seite 63
Den vom Landgrafen, zugleich Stadtherr, gestifteten Sakralbau St. Marien zu Freyburg formten die Jahrhunderte.

Seiten 64 + 65
Chor der Nicolaikirche in Creuzburg, erbaut in den letzten Regierungsjahren von Landgraf Hermann I.

Seite 66
Landgräfin Elisabeth am Spinnrocken, Detail aus dem Glasmosaik in der Elisabethkemenate der Wartburg.

Seite 70
Der Rittersaal im Erdgeschoss der Wartburg beeindruckt in seiner Strenge. Vier Kreuzgewölbe übertragen ihre Last auf die Mittelsäule mit archaisch anmutendem Adlerkapitell.

Seite 71
Krug und Brot in den Händen, scheint die Heilige ihren Betrachter zur Nachahmung barmherziger Werke aufzufordern. Im Hochaltar der Stadtkirche von Münnerstadt, geschaffen um 1500 durch Tilman Riemenschneider, flankieren Elisabeth von Thüringen und der heilige Kilian die zentrale Gestalt Maria Magdalenas.

Seite 72
Nicht der gebieterische König am Kreuz, wie ihn frühere Jahrhunderte darstellten, sondern der dornengekrönte, gequälte und leidende Schmerzensmann in der Auffassung der Gotik besitzt die ungeheure Suggestivkraft, vor der Elisabeth demütig ihre Standessymbole ablegte und mitleidend auf die Knie fiel. Christuskopf, um 1510, Thüringer Museum Eisenach.

Seite 73
Büste der Heiligen Elisabeth aus Terrakotta (15. Jh.) aus der Wartburg-Sammlung.

Seiten 74 + 75
Auf dem waldumkränzten Plateau am Nordhang des Wartberges, neben einer im 19. Jh. neu gefassten Quelle, befand sich Elisabeths Siechenhaus. Ein Jahrhundert nach ihrem Tod wurde an der gleichen Stelle ein Franziskanerkloster errichtet, in dem man Elisabeth-Reliquien verwahrte. Nach der Reformation verfiel die Anlage.

Seite 76
Westfassade des Wartburgpalas.

Seite 77
Detail eines Gobelins mit der Darstellung Elisabeths aus dem Museum Sacro Convento in Assisi (Foto: Stefan Diller).

Seite 78
Nach der Legende vom Kreuzwunder, hier aus dem Altarzyklus der Kirche von Bardejov, legte Elisabeth einen kranken Bettler in ihr Ehebett. Als man das unerhörte Tun dem Landgrafen hinterbrachte und er sich selbst überzeugte, fand er auf den Kissen den gekreuzigten Christus.

Seite 79
Im Mittelalter „Fräulein Elisabeths Kaminstuben" genannt, erhielt das landgräfliche Frauengemach seinen gleißenden Schmuck erst zu Beginn des 20. Jhs. Das von Kaiser Wilhelm II. gestiftete Mosaik der Elisabethkemenate betont prunkvollen Hochadel und dokumentiert den wilhelminischen Anspruch, in der Tradition der Stauferkaiser zu stehen.

Seiten 80 + 81
Landgraf Ludwig IV. ließ die Brücke über die Werra bauen, die den Weg zur Creuzburg und in die hessischen Landesteile witterungsunabhängig machte.

Seiten 82 + 83
Die Creuzburg von Norden.

Seite 84
Geburtsszene aus dem Zyklus des Elisabeth-Altars, entstanden um 1480, St. Ägidienkirche in Bardejov (Slowakei).

Seite 85
Die Elisabethkemenate auf der Creuzburg erinnert daran, wie gern sich die junge Landgräfin hier, wo auch ihr Sohn Hermann zur Welt kam, aufhielt.

Seite 86
Elisabeth badet einen Kranken, Szene aus dem Elisabethzyklus des Hochaltars im Dom St. Elisabeth zu Kosice.

Seite 87
Elisabeth schneidet einem Kranken die Haare, Szene aus dem Elisabethzyklus des Hochaltars im Dom St. Elisabeth zu Kosice.

Seite 88
Elisabeth besucht Kranke, Szene aus dem Glasfenster in der Elisabethkirche zu Marburg.

Seite 89
Zwischen 1474 und 1477 entstanden, gehört der Elisabeth-Altar im Dom von Kosice zweifellos zu den schönsten Andachtsstätten. Elisabeth steht zur Rechten der Jungfrau Maria.

Seite 90
Auf dem Kreuzfahrerschiff ist Kaiser Friedrich II. dargestellt, an seiner rechten Seite Landgraf Ludwig von Thüringen. Detail aus dem Glasmosaik in der Elisabethkemenate der Wartburg.

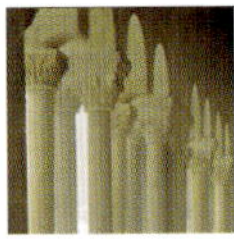

Seite 94
Erdgeschossarkade des Wartburgpalas.

Seite 95
Grabplatte Ludwigs IV., auf der Brust die Pilgermuschel in der Georgenkirche zu Eisenach.

Seite 96
Landgräfliche Brakteaten aus dem frühen 13. Jahrhundert.

Seite 97
Blick aus dem Fenster des Runneburgpalas auf die kleine Stadt Weißensee mit Rathausturm und Stadtkirche.

Seite 98
Hart an der südlichen Ringmauer der Wartburg erhebt sich ein Bergfried, den es zu Elisabeths Zeit noch nicht gab.

Seite 99
Am Sonnabendmarkt, dicht neben dem nach Osten führenden Eisenacher Stadttor gelegen, ließ die landgräfliche Familie gegen Ende des 12. Jhs. die Klosterkirche St. Nikolai errichten.

Seite 100
Das Rosenwunder, Fresko Moritz v. Schwinds, in der Elisabethgalerie der Wartburg.

Seite 101
Elisabeth verabschiedet sich von Ludwig, der mit seinem Gefolge in das Gelobte Land aufbricht. Abschiedsszene im Altarzyklus der Kirche von Bardejov.

Seite 102
Der römische Kaiser Septimius Serverus ließ zwischen 195 und 215 den Brenner Alpenpass als Heerstraße ausbauen. Bei seinen Reisen nach Süden passierte vermutlich auch Ludwig IV. das Gebirge in 1 374 Metern Höhe.

Seite 103
Den Blick in die Ferne gerichtet – der moderne Bildhauer verlieh dem Antlitz des Thüringer Landgrafen Selbstbewusstsein und Zielstrebigkeit. Die bronzene Doppelstatue Elisabeths und Ludwigs steht vor der Kirche in Sárospatak . Sie erinnert an ihre „Hochzeitsreise".

Seite 104
Einer von vier Propheten am Portal des Domes von Cremona. Die Kommune Cremona wird erstmals in einem Dokument von 1098 erwähnt. Der Dom wurde 1190 geweiht.

Seite 105
Für April 1226 rief der Kaiser die deutschen und lombardischen Fürsten zum Reichstag nach Cremona. Aus diesem Grund reiste Ludwig IV. erstmals nach Italien.

Seite 106
Die biblische Geschichte von Kains Mord an seinem Bruder Abel auf dem um 1165 datierten Fußbodenmosaik in der Kathedrale Santissima Annunziata von Otranto in Apulien.

Seite 107
Über den Ruinen der römischen Stadt Luceria in Apulien ließ Friedrich II. die Festung Lucera erbauen und den Ort zwischen 1233 und 1245 mit 20000 Sarazenen aus Sizilien besiedeln. 1300 wurde die arabische Bevölkerung von Karl II. Anjou ermordet oder vertrieben.

Seiten 108 + 109
Das von Kaiser Friedrich II. konzipierte Castel del Monte gilt als „Krone Apuliens". In der ersten Hälfte des 13. Jhs. errichtet, beherrscht es von seinem 540 Meter hohen Standort aus eine weite, karge Hochebene.

Seite 110
Den Innenhof umschließt ein oktogonaler Bau von 25 Meter Höhe mit acht gleich großen Sälen in jedem der beiden Stockwerke; an den Enden des Achtecks erheben sich wiederum acht Türme, die die Mauern des Hauptgebäudes um einen Meter überragen. Die Funktion des einzigartigen Castels ist noch immer ungeklärt. Das als reifste Schöpfung staufischer Pfalzenbaukunst geltende Castel del Monte gehört zum UNESCO-Welterbe.

Seite 111
In der Figurenreihe des Flachreliefs im Dom von Bitonto findet die imperiale Idee des Staufers Friedrich II. beredten Ausdruck. Aus der Hand des Kaisers Friedrich Barbarossa empfängt Heinrich VI. die Krone. Ihm folgt Friedrich II., 1220 zum Kaiser gekrönt, seit seiner Vermählung mit der Königin von Jerusalem, Isabella, und seinem erfolgreichen Kreuzzug nun auch König von Jerusalem; der Sohn Konrad soll ihm auf den Thron folgen. Der Stauferkaiser befindet sich in den 1230er Jahren auf der Höhe seiner Macht.

Seite 112
Byzantinische Basilika San Pietro (10. Jh.) in Otranto, wo Elisabeths Gemahl Ludwig IV., auf dem Kreuzzug erkrankte und am 11. September 1227 verstarb.

Seite 113
Typische Landschaft im Süden Apuliens mit Olivenhain und Trullihaus.

Seiten 114 + 115
Die Hafenstadt Otranto gründet auf der ursprünglich griechischen Siedlung Hydrus. Im frühen Mittelalter so bedeutend wie das benachbarte Brindisi, wurde die Stadt 1480 von den Türken erobert, die von hier aus den Islam verbreiten wollten.

Seite 116
Elisabeth legt ihre Krone vor dem Altar nieder. Detail aus dem Glasmosaik der Elisabethkemenate auf der Wartburg.

Seiten 120 + 121
Die Stadt Assisi vor dem Monte Subasio, Umbrien.

Seite 122
Über der intim wirkenden Porziuncola-Kapelle des Heiligen Franziskus erhebt sich im neueren Stadtteil Assisis die Kirche Santa Maria degli Angeli, einer der größten Sakralbauten der Welt. Die Kapelle erbaute Franziskus.

Seite 123
Der Heilige Franziskus auf einem Fresko von Cimabue in der Basilika San Francesco in Assisi.

Seite 124
Steinbett des Franziskus in der Einsiedelei Eremo delle Carceri, heute eine bedeutende Pilgerstätte in Assisi.

Seite 125
Kapelle Eremo delle Carceri. In die abgeschiedene Einsiedelei vor den Mauern Assisis zogen sich Franziskus und seine Gefährten zur Meditation in Felsgrotten und Steineichenwälder zurück.

Seite 126
Die Heiligen Klara und Franziskus im Kloster San Damiano von Assisi.

Seite 127
Im jenseits der Stadtmauern von Assisi gelegenen Kloster San Damiano dichtete Franziskus seinen „Sonnengesang", lebte Klara mit ihren Gefährtinnen bis zu ihrem Tod 1253. Die Mauern atmen noch heute franziskanischen Geist.

Seiten 128 + 129
Den guten Menschen öffnet Petrus die Pforte zum himmlischen Paradies, während die bösen in den Höllenrachen geführt werden. Tympanon mit Weltgerichtsszene im Kreuzgang des Würzburger Doms St. Kilian.

Seite 130
Elisabeth wird mit ihren Kindern von der Wartburg vertrieben; Detail aus dem Glasmosaik in der Elisabethkemenate der Wartburg.

Seiten 134 + 135
Wartburg von Norden.

Seiten 136 + 137
Trümmer einer freiwillig aufgegebenen, höfischen Welt. Die höchste Vollkommenheit, die Elisabeth anstrebte, verlangte den konsequenten Bruch mit „allen Anverwandten und ihren Kindern, ihrem eigenen Willen, jedem Glanz der Welt und allem, was der Heiland im Evangelium zu verlassen geraten hat".

Seite 138
Sogenannte Heinrich-Raspe-Figur, Thüringer Museum, Eisenach.

Seite 139
„Nadelöhr" im Tor der Wartburg.

Seiten 140 + 141
Blick über Eisenach mit Georgenkirche. 1221 ließen sich hier Ludwig IV. und Elisabeth trauen. Um 1180 turmlos errichtet, erhielt sie ihre heutige Gestalt mit hohem Turm um 1900.

Seite 142
Eine arme Alte stößt Elisabeth in den Straßendreck, Szene aus dem Altarzyklus der Kirche von Bardejov.

Seite 143
Elisabeths Vertreibung vom Landgrafenhof, Fresko Moritz von Schwinds in der Elisabethgalerie der Wartburg.

Seite 144
Westtürme des Bamberger Doms von Nordosten.

Seite 145
Blick in die Höhe des Westchors im Bamberger Dom.

Seite 146
Bischof Ekbert von Bamberg ließ seine verwitwete Nichte Elisabeth einige Wochen auf Burg Pottenstein festhalten.

Seite 147
Grabplatte des Bischofs Ekbert im Dom zu Bamberg.

Seite 148
Elisabeth als Bauherrin des Marburger Hospitals, Detail aus dem Glasmosaik in der Elisabethkemenate der Wartburg.

Seite 152
Barmherzige Werke auf dem Tympanon des Portals zur Spitalkirche St. Helena und St. Elisabeth in Ochsenfurt.

Seite 153
Figur der Thüringer Heiligen im nördlichen Seitenschiff des Elisabethdoms zu Kosice.

Seite 154
Blick vom etwaigen Standort des einstigen Marburger Elisabeth-Hospitals auf die gotische Elisabethkirche.

Seite 155
Hospitalszene am Nordportal des Elisabethdoms in Kosice.

Seite 156
Das Hospital wurde nach Elisabeths Tod nicht, wie sie es gewünscht und vorbereitet hatte, den Johannitern übereignet, sondern an den Deutschen Orden verschenkt. Nördlich der Franziskuskirche entstanden Konventsgebäude und weitere Neubauten, unter ihnen eine Elisabethkapelle.

Seite 157
„Die Hungrigen speisen", Relief am Elisabeth-Schrein in der Elisabethkirche zu Marburg.

Seite 158
Als Elisabeths Beichtvater und Seelenführer drang Konrad von Marburg mit unnachgiebiger, brutal erscheinender Strenge auf christliche Läuterung bis hin zur Heiligmäßigkeit; als charismatischer Kreuzprediger und erbarmungsloser Ketzerverfolger suchte er die Feinde Christi auszurotten. „Die heilige Elisabeth und ihr Zuchtmeister Konrad von Marburg", Wandgemälde von Peter Janssen d. Ä. in der alten Aula der Philipps-Universität zu Marburg.

Seite 159
Die unmotivierte Körperhaltung Konrads in Janssens Bild wird schlüssig, wenn man weiß, dass der Maler der Forderung seiner Auftraggeber nachkam und die Peitsche in Konrads Händen entfallen ließ. Das die Geißelung zum religiösen Alltag gehörte zeigt die Grabplatte des ludowingischen Deutschordenshochmeisters Konrad in der landgräflichen Grablege der Marburger Elisabethkirche.

Seite 160
Elisabeths Leichnam im Grab, Fresko in der Marburger Elisabethkirche.

Seite 161
Elisabeth empfängt sterbend das Abendmahl, Gemälde von Ludwig Emil Grimm aus der ersten Hälfte des 19. Jhs., Wartburgsammlung. Die Brüder des Malers wurden für ihre Märchensammlungen berühmt.

Seiten 162 + 163
Christus, Maria und Heilige, Landgraf Konrad, der Erbauer der Kirche im Deutschordenskleid, und Bettler, Krüppel und Kranke stehen an der Bahre, während sich ein Engel Elisabeths Seele annimmt. Relief am Elisabeth-Sarg in der Marburger Elisabethkirche.

Seite 164
Elisabeths Grab in der Elisabethkirche zu Marburg.

Seite 165
Elisabeths Tod in Marburg, Detail des Freskos Moritz von Schwinds in der Elisabethgalerie der Wartburg.

Seite 166
Die Lindenholzplastik im Museum auf der Neuenburg bei Freyburg, Elisabeth darstellend, berührt durch ihren morbiden Charme.

Seite 167
Feierliche Erhebung der Gebeine Elisabeths, Fresko Moritz von Schwinds in der Elisabethgalerie der Wartburg. Der Leichnam Elisabeths wird in einen neuen Sarkophag umgebettet. Barfuß und im grauen Gewand bekundete Kaiser Friedrich II. seine Verehrung.

Seite 168
Vor dem Kruzifix legt Elisabeth ihre Krone ab; Detail aus dem Glasmosaik der Elisabethkemenate der Wartburg. Eine ihrer Zofen schaut verwundert zu.

Seite 171
Die sechs Farbglasfenster des Ostchors in der Elisabethkirche zu Marburg stammen aus dem 13. Jh. Sie zeigen die Stilwende von der Romanik zur Gotik. Sie gehören zu den kostbarsten Glasmalereien der Zeit in Deutschland.

Seite 172
Elisabethfigur von Simone Martini aus der Unterkirche der Basilica di San Francesco in Assisi. (Foto: Stefan Diller)

Seite 173
Backhaus und Elisabethkirche in Marburg.

Seiten 174 + 175
Die Heiligsprechung Elisabeths verkündete Papst Gregor IX. in der Bettelordenskirche der Dominikaner San Domenico zu Perugia, um 1300 errichtet.

Seite 176
Mittelschrein des Hochaltars im Elisabethdom von Kosice. Er wird flankiert von 48 gotischen Tafelgemälden, wovon 12 dem Leben der Heiligen Elisabeth gewidmet sind.

Seite 177
Nordwestansicht des im hochgotischen Stil errichteten Elisabethdoms von Kosice. Der Bau wurde um 1378, nach dem Vorbild der Kirche des Hl. Viktors bei Xanten am Rhein, begonnen.

Seite 178
Kirchhof am „Michelchen" gegenüber der Elisabethkirche in Marburg. Die Michaelskapelle entstand im späten 13. Jahrhundert, das umliegende Gelände diente lange Zeit als Pilgerfriedhof, auf dem angeblich auch die 1539 dem Schrein entnommenen Gebeine Elisabeths ihre letzte Ruhestätte gefunden haben sollen.

Seite 179
Philippstein im Kloster Haina. Nach Einführung der Reformation in Hessen stiftete Landgraf Philipp der Großmütige, Nachfahre der Heiligen Elisabeth, aus dem Besitz der „Harpyiennester", wie er die beseitigten Klöster nannte, Spitäler für die Landbevölkerung.

Seite 180
Elisabeth speist die Hungrigen, Wandmalerei des frühen 16. Jahrhunderts in der Liboriuskapelle bei Creuzburg.

Seite 181
Liboriuskapelle, 1499 am östlichen Werraufer unmittelbar vor der steinernen Landgrafenbrücke erbaut.

Seite 182
Die „französische Elisabeth-Statue" im nördlichen Seitenschiff der Marburger Elisabethkirche wurde um 1470 vermutlich von der hessischen Landgrafenfamilie in Auftrag gegeben. Die Krone wurde nachträglich hinzugefügt.

Seite 183
Statue der Heiligen Elisabeth aus der Werkstatt Tilman Riemenschneiders im Germanischen Nationalmuseum Nürnberg.

Seite 184
„Wald der Meditation" des Heiligen Franziskus, nahe der Eremo delle Carceri in den Schluchten des Monte Subiaso bei Assisi.

Seite 187
Bereits 1253 wurde die über dem Grab des Heiligen Franziskus errichtete Basilica di San Francesco geweiht. Sie besteht aus zwei übereinander liegenden Kirchen.

Seiten 188 + 189
Blick in das Hauptschiff der 1235 begonnenen und 1283 geweihten Elisabethkirche in Marburg. Sie diente als Grablege der Heiligen und ihrer landgräflichen Nachfahren sowie als Wallfahrtsort und Kirche des Deutschen Ordens und gehörte zu den wichtigsten Pilgerzielen der mittelalterlichen Christenheit.

Der Fotograf

Ulrich Kneise, Jahrgang 1961, lebt und arbeitet in Eisenach. Dort gründete er 1990 die „Fotogalerie im Hause Bohl". Neben künstlerischen Projekten, wie „ZeitSprung", hat er sich in den Bereichen Kunst, Architektur und Industrie einen Namen gemacht. Beim Verlag Schnell & Steiner erschienen mit seinen Aufnahmen Bücher über Tilman Riemenschneider, den Würzburger Dom und die Wartburg. In diesem Band folgte der Fotograf seiner persönlichen Motivwahl. Er setzt auf klassische Aufnahmen mit Kameras von Linhof im Groß- sowie von Franke & Heidecke im Mittelformat. Für einige Bilder verwendete er eine Canon-1DS-Digitalkamera. Das Licht setzt er vorzugsweise mit „dedolights".

Die Autorin

Jutta Krauß, geboren 1952, studierte nach einer Schriftsetzerlehre zunächst Polygraphie, später Philosophie an den Universitäten von Jena und Leipzig. Seit 1981 ist sie Mitarbeiterin bei der Wartburg-Stiftung Eisenach. Als Leiterin der wissenschaftlichen Abteilung begleitete sie seit 1993 zahlreiche Sonderausstellungen. Sie ist Autorin verschiedener Publikationen zu Geschichte und Sammlung der Wartburg. Beim Verlag Schnell & Steiner erschien mit ihren Texten u. a. der Bildband „Welterbe Wartburg – Porträt einer Tausendjährigen".

Danksagung

Allen Kirchengemeinden, Museen, Institutionen und Privatpersonen, die mir Zugang zu ihren Grundstücken, Kunstwerken oder historischen Bauwerken gewährten und mir ihre Erlaubnis gaben, Bilder für dieses Buches aufzunehmen, meinen herzlichen Dank! Besondere Hilfe erwiesen mir Pater Gerhard Ruf vom Sacro Convento di San Francesco in Assisi und der Fotograf Stefan Diller.

Ulrich Kneise